Inhalt

Zulieferbranche unter Preisdruck - Flexibilität und Innovation als Erfolgsfaktoren

Kernthesen

Beitrag

Fallbeispiele

Zahlen und Fakten

Weiterführende Literatur

Impressum

GENIOS BranchenWissen Nr. 05/2006 vom 23.05.2006

Zulieferbranche unter Preisdruck - Flexibilität und Innovation als Erfolgsfaktoren

Autor GENIOS BranchenWissen: M.Klems

Kernthesen

- Die Krise der großen Automobilkonzerne in den USA hat beträchtliche Auswirkungen auf die Zulieferer und damit mittelfristig auf den Maschinenbau als Ausrüsterbranche.
- Das neue Fertigungsdreieck in der Slowakei zieht die deutsche Zulieferindustrie an.
- Wer Japan schafft, der packt alle Herausforderungen: Toyota als große Chance für die Zulieferer.
- Die Zulieferindustrie wächst trotz

Negativschlagzeilen kontinuierlich weiter.

Beitrag

Die Zulieferbranche steht unter massivem Druck. Preisnachlässe bei den Herstellern und hohe Innovationsansprüche machen den Unternehmen zu schaffen. Innovative Konzepte und das Auslandsgeschäft sichern die Existenz. Der Maschinenbau, als Ausrüster der Zulieferer muss mitziehen.

Frühindikator Zulieferindustrie

Für den Maschinenbau gelten Zulieferindustrieen immer als Frühindikator. Maschinen werden in diese Firmen geliefert, Wartungen und Erweiterungen durchgeführt. Glaubt man den Zulieferern, dann wird 2006 ein erfolgreiches Jahr für die metallverarbeitende Industrie. Auftragseingang und Produktion der ersten beiden Monate 2006 konnten an das hohe Vorjahresniveau anknüpfen, es in Teilbereichen sogar übertreffen. Erfolge, aber auch Probleme in dieser Industriegruppe wirken sich mit einer gewissen Halbwertszeit auf den Maschinenbau ebenfalls deutlich aus. Die Zulieferbranche in Deutschland ist mittelständisch geprägt und in der Hauptsache für

die Automobilindustrie tätig. Derzeit arbeiten in Deutschland bei Autoherstellern und Zulieferfirmen rund 760 000 Menschen. Im Nordosten Deutschlands sind rund 100 Unternehmen mit über 4 500 Mitarbeitern alleine für die Automobilindustrie tätig. In Sachsen ist die Kfz-Zulieferindustrie zur Schlüsselbranche geworden, mit rund 60 000 Beschäftigten in etwar 500 Betrieben.
Seit 1990 hat sich die Anzahl der Auslandswerke der Zulieferer von 1990 bis 2006 auf rund 2 000 Standorte verdreifacht. Dieser Trend wird sich weiter verstärken, denn der Maschinenbau zieht nomadenartig mit den Zulieferern, um die räumliche Nähe für Aufträge nutzen zu können. Die Standortsicherung für Deutschland wird daher eine der Hauptherausforderungen für die Unternehmen sein.
Verlagerungstendenzen nach Osteuropa und Asien sind erkennbar und können zu einem enormen Aderlass bei den Mitarbeitern führen. Branchenexperten sehen bei den Zulieferern rund 100 000 Stellen gefährdet. Für 2006 stehen nach Meinung der Experten rund 20 000 Stellen auf dem Spiel. Zu den Top Deutschen Zulieferunternehmen für die Automobilindustrie zählen Bosch, Continental und ZF. Erste Signale einer Krise in den alten Märkten zeigte die Delphi Pleite. Der renommierte U.S. Zulieferer meldet 2005 Insolvenz an. (4), (9), (12), (15)

Krise in den USA wann ist Deutschland dran?

Die U.S. Autokrise erwischt die Zulieferer mit aller Härte. Vier Unternehmen der Zulieferindustrie stehen bereits unter Gläubigerschutz nach Kapitel 11: Delphi, Dana, Collins & Aikman und Tower Automotive. Der Zulieferer Visteon konnte kurzfristig durch Unterstützung seiner früheren Muttergesellschaft gerettet werden. Die Konzerne General Motors (GM) und Ford sind schwer angeschlagen. Geringe Verkaufszahlen in den USA führen zum Herunterfahren der Produktionsmengen. Die beiden Automobilkonzerne wollen in den kommenden Jahren 60 000 Stellen in Nordamerika streichen. Diesen Druck geben die Konzerne mit immer neuen Preisabschlägen an die Zulieferer weiter. Amerikanische Kunden kaufen derzeit überwiegend japanische Modelle, allen voran Toyota. Die japanischen Autoproduzenten haben in den letzten Jahren eigene Produktionskapazitäten in den USA aufgebaut und die eigenen Zulieferer gleich mit in das Land geholt. Folglich kann die U.S. Zulieferindustrie nicht von diesen neuen Produktionsanlagen profitieren.
Die Negativschlagzeilen von Volkswagen in Deutschland könnten den gleichen Effekt für Deutschland herbeiführen. Die deutschen Zulieferer

profitieren jedoch vom starken Auslandsengagement und dem technologischen Vorsprung. (5), (13)

Robotik meldet erste Rückgänge

Sorgenkind der Branche war im vergangenen Jahr die Robotik, deren Hersteller beim Umsatz Einbußen von 16% auf 1,6 Milliarden Euro hinnehmen mussten. Die Anzahl der neu installierten Roboter sank um 23% auf 10 356 Stück. Hauptursache waren fehlende Neufahrzeuge in der Produktpalette der Automobilindustrie. Die Automobil- und deren Zulieferindustrie ist mit einem Anteil von 54% die Branche, die am intensivsten Roboter einsetzt. Der Anteil an Neuinstallationen betrug 2004 noch 67%. Neue Einsatzgebiete der Roboter in der allgemeinen Industrie und neue Modellanläufe der Automobilhersteller sollen 2006 zu einer moderaten Zunahme der Installationen führen.
Branchenexperten gehen davon aus, dass sich der Umsatz mit Robotern um 3% erhöhen wird. Die Prognose für den Gesamtbereich Robotik und Automation geht für 2006 von einem Wachstum um 2% auf 7 Milliarden Euro aus. (17)

Slowakei neuer Standort für die Zulieferer

Für die Zulieferindustrie ist der wesentliche Sektor in der Slowakei. Allen voran ist die Automobilindustrie in dem Land sehr aktiv. Volkswagen hat nach der politischen Wende in der Slowakei Investitionen vorgenommen und produziert den Touareg sowie Teile für den Cayenne. Im ersten Quartal 2006 eröffnet das Konsortium von Citroën und Peugeot ein Werk mit einem Produktionsvolumen von 300 000 Fahrzeugen pro Jahr. Der koreanische Hersteller Kia plant eine Milliardeninvestition in Zilina. Die neuen Standorte der Automobilindustrie wirkten wie ein Magnet auf die deutsche Zulieferindustrie. Zahlreiche Betriebe haben hier Tochterunternehmen aufgebaut. So produziert Hella mit 377 Mitarbeitern Scheinwerfer in der Slowakei. Die Unternehmen betonen, dass der Gang in die Slowakei nicht bedingt durch die günstigen Rahmenbedingungen entstand, sondern durch die Zwänge zur logistischen Nähe zum Kunden notwendig wurde. Investoren aus dem Ausland färben die Wirtschaftsdaten der Slowakei. Das Wirtschaftswachstum liegt bei 5% und die Unternehmen beginnen das Land als Abnehmer-Markt zu entdecken. (7)

Massiver Preisdruck auf die Zulieferer ist branchenübergreifend

Die Automobilindustrie hat bereits in den 70er Jahren einen Trend vorgegeben. Einsparungen und Kostendruck werden an die Zulieferer weitergegeben. Diese Vorgehensweise spüren nun Zuliefergruppen anderer Branchen wie beispielsweise die Chemieindustrie. Hier fordert die Celanese AG aus Kronberg aufgrund der wirtschaftlichen Situation Preisnachlässe von den Zulieferern. Generell stellen diese Forderungen für die klein- und mittelständischen Zulieferer einen Druck dar, der an die Existenz geht. Schnell werden hier bis zu 10% Nachlass von den Abnehmern gefordert.
Patentrezepte gegen diesen Druck gibt es laut Expertenmeinungen nicht. Abhängigkeiten nur zu einem Abnehmer dürfen nicht entstehen und ein selbstbewusster Umgang mit dem Kunden ist der Rat der Branchenkenner. Hier können sich harte Preisverhandlungen für Zulieferer durchaus lohnen. Dieses Ergebnis liefert eine Studie der Unternehmensberatung Fein aus Stuttgart. So forderten die Automobilhersteller Nachlässe von 3,9%. Durch Verhandlungsgeschick der Zulieferer beliefen sich diese letztendlich auf 1,5%. (2)

Wandel in den Billig-Zulieferländern durch Sozial-Standards?

Die Textilbranche gilt als Paradebeispiel dafür, Arbeit in Niedriglohnländer zu verlagern. Unter welchen ökologischen und sozialen Standards die Produktion abläuft ist kaum erkennbar. Die wenigsten Abnehmer bauen eigene Werke, sondern überlassen dies lokalen Zulieferern. Für die Konzerne der unproblematischste Weg, denn hier entfallen sämtliche Herausforderungen mit gesetzlichen Auflagen oder Personalfragen. Doch langsam formiert sich ein Gegentrend, der durch äußeren Druck seitens Gesellschaft und Politik entsteht. Kampagnen gegen Ausbeutung der Arbeitnehmer und Kinderarbeit zeigen allmählich Wirkung. Erste Zertifizierungsprojekte wie SA-8000 an das sich 50 europäische Konzerne angeschlossen haben, verpflichten die Lieferfirmen auf ökologische und soziale Standards. Trotz dieser Bemühungen ist der wirtschaftliche Druck bei den Produzenten hoch. Die Geiz ist Geil Stimmung in Deutschland forciert den heftigen Kosten- und Preisdruck bei den Zulieferern. Gerade Unternehmen aus Asien, wie chinesische

Produzenten, warten mit Tiefstpreisen für die Fertigung auf. (1)

Wer es in Japan packt, schafft es überall

Wirtschaftsminister Michael Glos (CSU) widmete seine letzte Delegationsreise nach Japan den Automobilzulieferern. Ein ganzer Tag wurde für den Besuch der Toyota Werke eingeplant. Mit in der Wirtschaftsdelegation führende Vertreter der deutschen Automobilzulieferindustrie, die den Aufstieg Japans nach der Phase der Stagnation mit Interesse verfolgen. Für 2006 wird ein stärkeres Wachstum als in den USA angenommen. Die japanischen Autoproduzenten Toyota, Nissan und Honda produzieren Rekordmengen. Es ist davon auszugehen, dass Toyota den U.S. Konzern General Motors als größten Autobauer überholen wird. Dass ein Ministerbesuch für Aufträge nicht ausreicht, zeigen die Realitäten im Markt. Die Messlatte der Japaner an Zulieferer ist hoch. Hohe Anforderungen an Qualität, Kommunikationsgeschwindigkeit und kurze Entwicklungsphasen sind selbst von deutschen Top-Zulieferbetrieben nur schwer leistbar. In der Branche gilt daher der Grundsatz Wer es in Japan gepackt hat, schafft es überall. Chancen sieht die

Industrie im hohen Kapitalaufwand der Japaner im Ausland. Hier ist der Einstieg durch die Hintertür in Auslandswerke möglich und wer sich bewährt, der kann auf wachsende Aufträge hoffen. (11)

Schlechte Inlandsprognosen positiver Ausblick für den Weltmarkt

So sind Zulieferer ein Wachstumsmotor, der auch in den kommenden Jahren seine Performance weiter steigern wird. Prognostiziert wird ein Umsatzplus von 70% bis 2015. Branchenkenner sehen für die Autoindustrie den Trend des Automobilherstellers als High-Tech-Markenartikler. Die Produktion von Teilen, die nicht markenprägend sind, werden zukünftig noch mehr von den Zulieferern übernommen. Die Fertigungstiefe bei den Automobilherstellern wird weiter abnehmen. Zwar sind Tendenzen erkennbar, das Bereiche wie Fahrzeugelektronik wieder beim Hersteller angesiedelt werden sollen. Das Wachstum bei den Zulieferern wird jedoch nicht in Deutschland erwartet.
Bei den Ausrüstern für die Zulieferindustrie entwickelt sich das Service-Geschäft als

Haupteinnahmequelle. Zum Service zählen hier nicht nur die Wartung, Instandsetzung und Ersatzteile, sondern auch die Modernisierung ganzer Anlagen und Steuerungen - sowie Schulung. Hier ist Asien als wichtiger Markt erkannt worden. Die Haupttrends werden daher der Aufbau von Kapazitäten in den aufstrebenden neuen Industriestaaten und der dortigen Automobilindustrie, allen voran China, aber auch Indien, Iran, Thailand sowie eine Verlagerung von Kapazitäten von Mittel- nach Osteuropa oder Russland sein. Die Automobilindustrie könnte für den Maschinenbau insgesamt Vorbildcharakter haben: Das Outsourcing von Baugruppen und kompletten Maschinen, im Automobilbau ein Normalzustand, ist im Maschinenbau im Kommen. Ein Feld, in dem sich zukünftig neue Unternehmen als Zulieferer etablieren können. (6), (16), (18)

Fallbeispiele

ZF meistert die Anforderung nach hoher Qualität und niedrigen

Produktionskosten

Automobilzulieferer sind einem Doppeldruck ausgesetzt. Steigende Rohstoffpreise und die Preisnachlassforderungen der Automobilindustrie zwingen zur Innovation. Das Unternehmen, ein Schlüssellieferant in der Getriebetechnik, investiert derzeit 5% des Umsatzes in Forschung und Entwicklung. Die Investitionen zahlen sich aus. Die Ingenieure von ZF entwickelten die erste Sechs-Gang-Automatik der Welt oder die Elektrolenkung für den Golf. Aktuelles Entwicklungsprojekt in Kooperation mit Continental ist derzeit ein Hybridantrieb. Das Unternehmen gehört durch seine dauerhafte Entwicklungstätigkeit zu den Top-Patentanmeldern in Deutschland. Dies verschafft der Nummer drei der Zulieferer hinter Bosch und Continental einen hohen Stellenwert als technischer Vorreiter für die Automobilindustrie. Neben der Innovationsfreude geht ZF mit Auslandsexpansionen strategisch in die Märkte. Auf diese Weise soll das Entstehen von Wettbewerbern verhindert werden. Das Unternehmen mit Hauptsitz in Friedrichshafen verfügt über 122 Werke in 26 Ländern. Rund 60% der 54 000 Mitarbeiter arbeiten für ZF in Deutschland. Der Standort Deutschland soll nach Aussage der Unternehmensleitung trotz teilweiser Schließungen kleinerer Werke bestehen bleiben. (8)

Mahle investiert in eigene Werke

Der KFZ-Zulieferer Mahle steuert für das Jahr 2006 ein Umsatzplus von 5% an und forciert die Investitionen in die eigenen Werke. Bereits 2005 investierte Mahle 288 Millionen Euro in neue Produktionsanlagen. Für 2006 soll die Investitionshöhe um 10% gegenüber dem Vorjahr wachsen. Der Produzent von Filtern und Kolben für Fahrzeuge will ein organisches Wachstum anstreben. Mit 37 500 Mitarbeitern, einem Umsatz 2005 von 4,1 Milliarden Euro weltweit zieht das Unternehmen reichlich Gewinn aus dem Asiengeschäft. 20% der Erlöse kommen aus Asien und sollen 2006 auf 25% steigen. Für Europa und Amerika sieht das Unternehmen eine Sättigung. (10)

U.S. Zulieferer Dana meldet Insolvenz an

Die Probleme der U.S. Autozulieferindustrie erreichen einen weiteren Höhepunkt. Die Dana Corp., mit 46 000 Mitarbeitern und einem Jahresumsatz von 9 Milliarden Dollar, stellte Anfang März den Insolvenzantrag. Das Unternehmen begründet diesen Schritt mit fortdauernden Umsatzrückgängen. Das

Unternehmen ist historisch einer der ältesten Zulieferer der Automobilindustrie und ist spezialisiert auf Autorahmen, Fahrzeugachsen und Getriebe. Der Handel der Dana Aktie wurde nach Bekanntgabe der Insolvenz direkt ausgesetzt. (5), (13)

Denso plant Investition in den USA

Der japanische Zulieferer für Toyota mit einem Werk im US-Bundesstaat Tennessee plant für die kommenden Jahre eine Erweiterung des Werkes. Das Unternehmen will 185 Millionen Dollar investieren und damit rund 500 Arbeitsplätze schaffen. (13)

Zahlen & Fakten

Umsatz in Automation und Robotik in Milliarden Euro

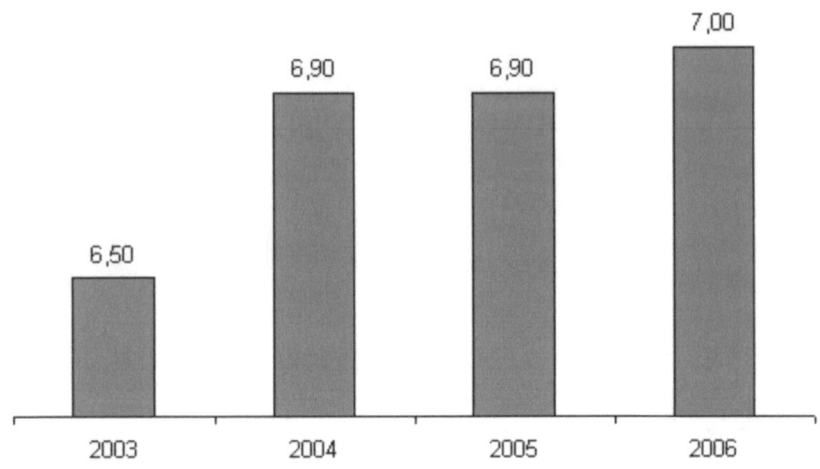

Quelle: Fachverband Robotik + Automation

Entnommen aus: Robotik + Automation - Luft für mehr Wachstum, Maschinenmarkt Nr. 20 vom 15.05.2006

Top 5 Zulieferer der Automobilindustrie weltweit nach Umsatz in Mrd. Euro in 2004

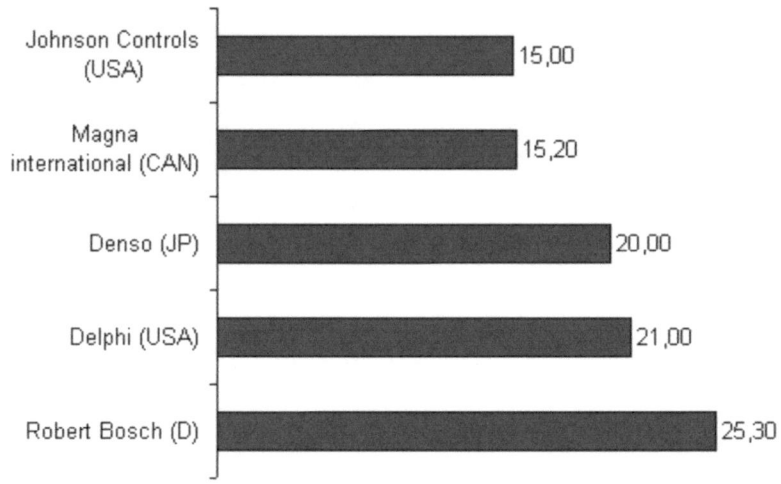

Quelle: Verband der Automobilindustrie, Arthur D.Little

Entnommen aus: Wirtschaftswoche, 49/2005, S. 72

Weiterführende Literatur

(1) Zulieferer in der Klemme Der Geiz-ist-Geil-Trend in Deutschland trifft die Lieferanten aus den Niedriglohnländern. Einerseits pochen die hiesigen Unternehmen auf Sozial- und Ökostandards, andererseits drücken sie wie nie die Preise. Was das für Manager und Beschäftigte in Fernost bedeutet, zeigt eine Spurensuche in Indien.

aus Frankfurter Rundschau v. 03.02.2006, S.24,
Ausgabe: S Stadt

(2) Massiver Preisdruck auf Zulieferer Chemiebranche kopiert rüde Methoden aus der Automobilwirtschaft / Celanese erzürnt Mittelständler
aus Frankfurter Rundschau v. 28.01.2006, S.11,
Ausgabe: S Stadt

(3) Zulieferer leiden unter Absatzflaute und Altlasten Gläubigerschutz-Verfahren als Ausweg und Hoffen auf neue Investoren
aus Neue Zürcher Zeitung, 24.01.2006, Nr. 19, S. 23

(4) Autoindustrie: Dreimal mehr Auslandsstandorte Die Zahl der Auslandswerke der deutschen Automobilhersteller und ihrer Zulieferer hat sich seit 1990 auf rund 2 000 Standorte verdreifacht. Eine moderne Logistik macht diese immer globalere Produktion möglich, so der Verband der Automobilindustrie (VDA).
aus MOTOR-INFORMATIONS-DIENST vom 14.Februar 2006

(5) US-Autokrise erwischt neuen Zulieferer Dana meldet Insolvenz an · Vierte Pleite der Branche in Folge · Probleme der US-Hersteller schlagen durch
aus Financial Times Deutschland vom 06.03.2006, Seite 8

(6) Zulieferer geben Gas Eigenproduktion nimmt bei den Auto-Herstellern ab

aus Frankfurter Rundschau v. 30.01.2006, S.2,
Ausgabe: R Region

(7) Tragende Branche In der Slowakei prägt die Automobilproduktion die gesamte Industrie – und zieht zahlreiche mittelständische deutsche Zulieferer an
aus Frankfurter Rundschau v. 20.01.2006, S.28, Ausgabe: S Stadt

(8) Gesunde Basis
aus WW NR. 016 VOM 15.04.2006 SEITE 084

(9) Kfz-Zulieferindustrie entwickelt sich zur Schlüsselbranche im Freistaat
aus Handelsblatt Nr. 061 vom 27.03.06 Seite b06

(10) Autozulieferer Mahle investiert stärker in eigene Werke
aus Frankfurter Rundschau v. 13.04.2006, S.13

(11) Glos wirbt bei Toyota für deutsche Zulieferer Wirtschaftsminister will bei seinem Japanbesuch heimischen Firmen die Tür zum derzeit weltweit erfolgreichsten Autobauer öffnen
aus Financial Times Deutschland vom 21.03.2006, Seite 15

(12) Autoschwerpunkt im Nordosten
aus DIE WELT, 11.03.2006, Nr. 60, S. 42

(13) Autozulieferer Dana stellt Insolvenzantrag
aus Frankfurter Allgemeine Zeitung, 04.03.2006, Nr. 54,

S. 16

(14) Standort Osteuropa profitiert Experte erwartet massiven Jobabbau in der Autobranche
aus HANDELSBLATT online 19.04.2006 12:29:22

(15) Zulieferer zuversichtlich für 2006
aus VDI NR. 17 VOM 28.04.2006 SEITE 11

(16) Pressenbauer leben von der Globalisierung
aus VDI NR. 09 VOM 03.03.2006 SEITE 14

(17) Robotik + Automation - Luft für mehr Wachstum
aus Maschinenmarkt Nr. 20 vom 15.05.2006

(18) Trendthema jetzt mit eigenem Bereich Systemzulieferer finden eine Heimat
aus Industrieanzeiger, Heft 16, 2006, S. 36

Impressum

Zulieferbranche unter Preisdruck - Flexibilität und Innovation als Erfolgsfaktoren

Bibliografische Information der deutschen Nationalbibliothek

Die Deutsche Nationalbibliothek verzeichnet diese Publikation in der deutschen Nationalbibliografie; detaillierte bibliografische Daten sind im Internet über http://dnb.d-nb.de abrufbar.

ISBN: 978-3-7379-2590-7

© 2015 GBI-Genios Deutsche Wirtschaftsdatenbank GmbH, Freischützstraße 96, 81927 München, www.genios.de

Alle Rechte vorbehalten. Dieses Werk ist einschließlich aller seiner Teile – z.B. Texte, Tabellen und Grafiken - urheberrechtlich geschützt. Jede Verwertung außerhalb der Grenzen des Urheberrechtsgesetzes bedarf der vorherigen Zustimmung des Verlags. Dies gilt insbesondere auch für auszugsweise Nachdrucke, fotomechanische

Vervielfältigungen (Fotokopie/Mikroskopie), Übersetzungen, Auswertungen durch Datenbanken oder ähnliche Einrichtungen und die Einspeicherung und Verarbeitung in elektronischen Systemen.